Jay E. Adams

Festgefahren?

Brunnen-Taschenbuch Nr. 85

Jay E. Adams

Festgefahren?

Einübung in ein befreites Leben

Brunnen Verlag · Gießen/Basel

Titel der Originalausgaben: „What to do about Worry" und
„Godliness Through Discipline",

Presbyterian and Reformed Publishing, Nutley
© 1972 by Jay E. Adams

Aus dem Amerikanischen von Elke Heinbach
und Marie-Luise Rusche

Umschlag: Harald Wever, Wuppertal
© 1976 by Brunnen Verlag, Gießen
Gesamtherstellung: H. Rathmann, Marburg/Lahn
ISBN 3 7655 0393 2

INHALT

Rezepte gegen das Sorgen 7

Wie Sorgen wirken 8

Was bedeutet „Sorgen"? 10

Was kann man gegen die Sorgen tun? 11

Gib dem morgigen Tag den Stellenwert,
der ihm zukommt! 11

Plane so, wie es dir als Christ zusteht 12

Stelle dich auf heute ein! 14

Erfülle heute deine Pflicht! 16

Achte darauf, daß die Schwierigkeiten dir
nicht über den Kopf wachsen! 19

Wie man seine Sorgen überwindet 21

   1. Bete mit Danksagung 21

   *2. Suche in Gottes Wort nach Lösungen
      für deine Schwierigkeiten* 23

   3. Gehe das Problem auf Gottes Art an . . . 25

Nur in einem Fall sind Sorgen berechtigt . . . 29

Trainingsprogramm für ein neues Leben 31

Übung macht den Meister 32

Man muß ein Ziel haben 33

Fit durch tägliches Training 34

Heilige Gewohnheiten 36

Jeder kann aus seiner Haut heraus 39

Kein Grund zum Aufgeben 42

Göttliche Energien 44

Der entscheidende Ausgangspunkt 46

Rezepte gegen das Sorgen

Hans verbrachte die meiste Zeit damit, sich über alles und jedes Sorgen zu machen. Seine Freunde kannten ihn als einen ewig Bekümmerten. Eines Tages spazierte sein Freund Willi die Straße entlang, als er plötzlich Hans erblickte, und zwar so froh und glücklich, wie nur ein Mensch sein kann. Hans pfiff vor sich hin und strahlte förmlich. Willi wollte seinen Augen kaum trauen. Mit seinem Freund mußte etwas geschehen sein! Und da er Hans aus früherer Zeit als einen ausgemachten Sorgenpeter kannte, wollte er herausbekommen, was eigentlich mit ihm geschehen war. Er hielt ihn also an und fragte: „Hallo, Hans! Was ist denn mit dir passiert? Du scheinst ja das große Los gewonnen zu haben! Ich habe dich noch nie so glücklich gesehen." Hans strahlte: „Ja, es ist herrlich, Willi, seit Wochen habe ich mir keine Sorgen mehr gemacht!"

„Toll, aber wie hast du das fertiggebracht?"

„Nun, ich fand einen, der das Sorgen für mich übernahm."

„Was? Du hast jemanden gefunden, der für dich sorgt?"

„Genau!" versicherte Hans seinem verblüfften Freund.

„Einfach toll", staunte Willi. „Sag mal, was mußt du ihm denn bezahlen?"

„Die Woche tausend Mark."

„Tausend Mark pro Woche? Wie in aller Welt kannst du jede Woche *tausend* Mark auftreiben, um ihn zu bezahlen?"

„Auch *das* ist sein Problem", antwortete Hans unbekümmert.

Wer wünschte sich das nicht, daß irgend jemand unsere Sorgen übernähme? Tatsächlich ermutigt Gott seine Kinder, alle ihre Sorgen auf ihn zu werfen (1. Petr. 5, 7). Und es kostet uns keinen Pfennig! Gott bietet uns an, unsere Sorgen zu tragen und sich um sie zu kümmern.

Wie Sorgen wirken

Sorgen haben die Tendenz, den Körper zu zerstören. Sie können Magengeschwüre hervorrufen, die Lebenskraft untergraben und uns in einen frühen Tod treiben. Sorgen machen uns unfähig, die Probleme des Alltags zu meistern. Das Sorgen hält uns davon ab, Verantwortung zu übernehmen und im Dienst für Jesus Christus aktiv zu werden. Sorgen ist Sünde!

Bestimmt haben viele von uns den Sorgengeist noch nicht überwunden. Vielleicht halten uns die Sorgen davon ab, Jesus Christus vertrauensvoll zu dienen, wie wir es gern möchten. Eventuell sind wir schon an dem Punkt angekommen, wo wir beginnen, uns über unser ewiges Sorgen *Sorgen* zu machen! Wir müssen dringend wissen, was wir dagegen unternehmen sollen. Was sagt die Bibel dazu?

Seelsorger wissen ein Lied davon zu singen, daß viele Christen gerade durch Sorgen blockiert werden.

Peter kam in die Beratungsstunde des Seelsorgers. Er war Ingenieur und hatte die Aufgabe bekommen, ein großes Verwaltungsgebäude zu bauen. Dieses neue Aufgabengebiet war schwieriger als alle anderen, die er bisher übernommen hatte. Die Schwierigkeiten häuften sich dermaßen, daß er sich bald von ihnen unterkriegen ließ.

Die Bauunternehmer und die Nebenlieferanten stritten miteinander, Elektriker und Zimmerleute waren nicht unter einen Hut zu bringen. Die Termine wurden nicht eingehalten, und alle möglichen Schwierigkeiten tauchten auf. Als Peter immer unfähiger wurde, die tagtäglichen Probleme zu lösen, begann er an sich selbst zu zweifeln. Aber dadurch wurde alles nur noch schlimmer. Schließlich kam er zu dem Schluß: „Es ist einfach zuviel. Ich schaffe das nicht mehr!"

Er erkannte die ganze Kompliziertheit dieser großen Aufgabe und meinte, daß alle Dinge, die falsch liefen, auf sein Konto gingen. Eines Tages legte er den Bleistift aus der Hand, erhob sich aus seinem Sessel und verließ sein Büro.

Peter war Christ, und deshalb landete er in unserem Seelsorgezentrum. Als wir über seine Angelegenheiten sprachen, wurde ihm erst klar, wie negativ sich Sorgen auswirken können. Er war dabei, alles zu zerstören, was er bisher aufgebaut hatte. Er war dabei, die

Chance seines Lebens zu verpassen, obwohl er immer danach Ausschau gehalten und Jahre dafür gearbeitet hatte. Er wußte, daß er fähig war, die Arbeit weiterzuführen, aber da war ein Problem — sein Sorgengeist.

Was bedeutet „Sorgen"?

In der Bibel wird das Wort gewöhnlich mit „ängstlich", „beunruhigt" oder „bekümmert sein" übersetzt. Das griechische Wort im Neuen Testament bedeutet soviel wie „teilen", „zertrennen", „zerreißen" oder gar „auseinanderreißen". Und das beschreibt genau die Wirkung der Sorgen, eben das, was sie in uns anrichten.

Die Sorgen beschäftigen sich mit der Zukunft. Sie kreisen um etwas, gegen das man im Augenblick und vielleicht auch später überhaupt nichts unternehmen kann. Das ist ja das Unangenehme! Jemand, der sich Sorgen macht, denkt an die Zukunft, aber er weiß nicht, wie er sie meistern soll. Er sieht keinen Weg, die Dinge in den Griff zu bekommen, und weiß auch nicht annähernd, wie sie aussehen werden. Der Besorgte zerbricht sich den Kopf darüber, wie die zukünftigen Schwierigkeiten aussehen *könnten*. Zuerst denkt er, die Sache könnte so und so verlaufen, dann meint er, es wird wahrscheinlich doch ganz anders gehen. Und weil er unsicher ist und die Zukunft nicht genau vorauswissen kann, wird er innerlich hin und her gerissen und übermäßig beunruhigt.

Genau dies versteht die Bibel unter „Sorgen": ein Unruhigsein über die Ungewißheit und Unkontrollierbarkeit der Zukunft.

Was kann man gegen die Sorgen tun?

Höre auf Jesus! Er gibt klare Richtlinien gegen das Sorgen: „Schaut nicht ängstlich in die Zukunft", oder: „Darum sollt ihr nicht sorgen!" (Matth. 6, 31). Jesus läßt die Sache nicht auf sich beruhen, sondern geht einen Schritt weiter und erklärt, wie wir mit den Sorgen fertigwerden können. Er beschließt das Thema der alltäglichen Bedürfnisse des Lebens mit diesen ungeheuer wichtigen Worten: „Darum sorgt nicht für den anderen Morgen; denn der kommende Tag wird für das Seine sorgen" (Matth. 6, 34). Wer für morgen sorgt, hat eine falsche Lebenseinstellung! Jesus sagt, daß es nicht richtig ist, wenn wir uns heute über Dinge den Kopf zerbrechen, die eventuell morgen auftreten könnten.

Gib dem morgigen Tag den Stellenwert, der ihm zukommt!

In diesem Kapitel vom Sorgen spricht Jesus von zwei Tagen. Er sagt zuerst: „Sorgt nicht für den *anderen* Tag; denn er wird für das Seine sorgen." Dann betont er nachdrücklich die Tatsache, die so oft übersehen wird: „Es ist *genug*, daß jeder Tag seine eigene Plage habe."

In diesen Worten finden wir Gottes Antwort auf unser Sorgen. Jeder Tag bringt Mühe und Plage. Lassen wir uns darum nicht heute schon durch die Probleme von morgen bedrücken. Wir haben mit dem Heute alle Hände voll zu tun. Das Morgen gehört uns noch nicht. Es gehört Gott. Was morgen ist, liegt in seiner Hand. Und wann immer wir versuchen, des morgigen Tages habhaft zu werden, wollen wir etwas stehlen, was Gott gehört. Sünder wollen in ihrer verkehrten Art immer das haben, was ihnen nicht gehört.

Das *Heute* gehört uns. Die Tragik beim Sorgen besteht darin, daß wir nicht nur haben wollen, was verboten ist, sondern versäumen, was uns für heute aufgetragen ist.

Plane so, wie es dir als Christ zusteht!

Bevor wir darüber reden, wie wir den heutigen Tag richtig nutzen, muß ein Punkt klargestellt werden: Christus hat nichts gegen eine richtige Zukunftsplanung. Er richtet sich nicht gegen das Nachdenken oder das Vorbereiten auf den nächsten Tag. Was er verbietet, ist allein das Sichsorgen, das uns innerlich belastet.

In Matthäus 6 wird nicht gegen ein Planen für morgen geredet. Viele haben auch das Wort aus Jakobus 4, 13 falsch verstanden und unterstellen, Jakobus spreche sich gegen alles Planen überhaupt aus. Das stimmt aber nicht. In Wirklichkeit lehrt uns Jakobus gerade an dieser Stelle, wie wir richtig planen können. Er verbietet zwar falsches Planen, zeigt uns aber gleichzeitig, wie wir nach Gottes Willen planen können. Planen und Sorgen sind zwei völlig verschiedene Dinge.

Achten wir einmal sorgfältig auf das, was Jakobus uns sagen will: „Wohlan nun, die ihr sagt: Heute oder morgen wollen wir in diese oder jene Stadt gehen und ein Jahr dort zubringen, Handel treiben und Gewinn machen." Hier gebraucht Jakobus das Beispiel eines reisenden Geschäftsmannes. Er fährt fort: „Obwohl ihr nicht wißt, was morgen sein wird." Er bemerkt gewissermaßen: „Hier planst du die Geschäfte für ein ganzes Jahr im voraus, als ob die Zukunft in deiner Hand läge, als ob du wüßtest, was die Umstände alles mit sich bringen, als ob du ein klares Bild hättest von dem Jahr, das vor dir liegt!"

Wie soll man aber dann planen? Jakobus gibt uns die Antwort: „Daher sollt ihr sagen: So der Herr will und wir leben, wollen wir dies oder jenes tun. Nun aber rühmt ihr euch in eurem Übermut. All solches Rühmen ist böse."

Hier erkennt man den Unterschied. Jakobus sagt, daß wir planen sollen (wir können es gar nicht vermeiden), aber wir sollen planen, ohne zu sorgen. Denn jemand, der sich sorgt, handelt so, als hielte *er* die Zukunft in der Hand. Er ist also anmaßend und vermessen. Jakobus meint, daß man seine Pläne vor Gott ausbreiten und mit ihm besprechen soll: „Herr, ich habe versucht, meine Pläne nach deinem Willen, den ich aus deinem Wort erfahren habe, zu entwerfen. Ich übergebe sie dir. Dein Wille soll damit geschehen; denn du bist ein Gott, der keine Fehler macht und mein Leben leitet."

Als Christen wissen wir, daß wir die Führung unseres Lebens nicht selbst in der Hand haben. Unser Leben gehört dem, der es geschaffen hat.

Selbst unser nächster Atemzug liegt in Gottes Händen. Daher das demütige Bekenntnis: „Herr, dies ist der Plan, den ich im Lichte deines Wortes entworfen habe. Ich habe dazu die Gaben gebraucht, die du mir gegeben hast, in Übereinstimmung mit den Umständen, wie ich sie jetzt erkennen kann. O Herr, ich lege alles dir zur Prüfung hin."

Wenn man seine Pläne Gott zur Revision vorlegt und mit Freuden die durchgestrichenen Stellen aus seiner Hand entgegennimmt, dann plant man richtig. Unser Gebet muß immer neu lauten: „Dein Wille geschehe, nicht meiner!" Das ist die einzige Möglichkeit für einen Christen, der Zukunft entgegenzusehen. Das ist ein Planen, das nicht zum Sorgen wird. Was gäbe es da noch zu sorgen, wenn man aufrichtig seine Vorhaben in Gottes Hände legt?

Stelle dich auf heute ein!

Wir kehren zu Matthäus 6 zurück, um Jesu Alternative zum Sorgen zu entdecken. Worauf sollen wir unsere Gedanken richten, wenn wir uns nicht um morgen Sorgen machen sollen? Das ist die Frage. Wir können doch unsere täglichen Angelegenheiten nicht einfach laufen lassen. Wieviele Christen haben in diesem Punkt schon aufgegeben! Sie wissen, daß es unmöglich ist, von den Anforderungen des Alltags unberührt zu bleiben. „Ich kann doch nicht einfach über meine Gefühle hinweggehen!" verteidigen sie sich.

Hier liegt der Schlüssel zum Problem des Sorgens. Christus verlangt nicht weniger Einsatz. Er will, daß wir ihn in die richtigen Bahnen lenken. Man muß lernen, sich auf heute einzustellen.

Wenn man seine Planungen in Gottes Hände gelegt hat, braucht man sich nicht länger Gedanken darüber zu machen, sondern kann seine Kraft und Energien in den heutigen Tag fließen lassen. Das ist der Schlüssel, der die Tür zu den Sorgen zuschließt und diejenige zur inneren Gelassenheit aufschließt. Darum: Stell dich auf heute ein!

An sich ist es nicht falsch, sich um etwas zu kümmern. Mitgefühl kann die Kräfte des Körpers und des Geistes mobilisieren. Es kann Energien zur Bewältigung von Lebensproblemen nutzbar machen. Wenn wir uns innerlich aber nur mit dem, was morgen ist, beschäftigen, werden Energien im Körper freigesetzt, ohne gebraucht zu werden. In Aktion treten können sie nicht, weil der Mensch immer nur in der Gegenwart handelt, nicht aber in der Zukunft. Setzen wir aber die körperlichen Energien nicht in Taten um, so sind sie vergeudet.

So wie überschüssige Magensäure nicht einfach vom Magen aufgenommen wird, sondern etwas verdauen muß, ebenso braucht unsere Anteilnahme etwas, auf das sie sich richten kann. Wenn man sich auf die anfallenden Pflichten von heute einstellt, können Energien für Christus fruchtbringend genutzt werden. So werden Probleme wirklich gelöst und nicht durch Sichsorgen auf die lange Bank geschoben. Das meint Jesus, wenn er sagt: „Sorgt nicht für den morgigen Tag; denn jeder Tag wird für das Seine sorgen. Es ist genug, daß jeder Tag seine eigene Plage hat."

Erfülle heute deine Pflicht!

Wenn wir uns um die Schwierigkeiten des heutigen Tages kümmern, können wir mit ihnen fertig werden. Denn wir haben sie unmittelbar vor Augen. Sie sind Wirklichkeit.

Der Ingenieur Peter, der seine Arbeit niederlegte, weil er vor Sorgen nicht mehr aus noch ein wußte, lernte es, mit den täglich anfallenden Problemen fertig zu werden. Wir setzten uns zunächst zusammen und überschauten den ganzen Arbeitsberg. Dann entwarfen wir einen ungefähren Plan zu seiner Bewältigung, legten ihn im Gebet in Gottes Hände und überließen ihm die Änderungen. Dann faßten wir die Dinge ins Auge, die in der kommenden Woche erledigt werden mußten. Zum Schluß überdachten wir den heutigen Tag und fragten uns: „Was muß zuerst getan werden?"

So erkannte Peter, daß Gott nur die Lösung der täglichen Aufgaben von ihm erwartete. Er war bereit, sie zu erledigen. Vorher kam er sich vor wie ein Holzfäller, der einen ganzen Wald auf einmal zu fällen hatte. Jetzt hatte er gelernt zu sprechen: „Mit Gottes Hilfe will ich jene drei Bäume dort heute fällen." Dann setzte er seine ganze Tatkraft daran, diese drei Bäume zu fällen. Alle übrigen Bäume durfte er im Augenblick vergessen. Am Abend dieses Tages waren die drei ersten Bäume gefällt. Am nächsten Tag kamen die drei nächsten dran, danach wieder drei oder auch vier. So ging es weiter, bis sich der Wald endlich zu lichten begann. Peter wurde mit den Sorgen fertig, indem er die Probleme eines jeden Tages täglich zur rechten Zeit mutig anpackte und löste.

Wenn wir mit gläubigem Herzen für Christus wirken, unsere ganze Energie und Tatkraft einsetzen und alle Möglichkeiten, die er uns zur Verfügung stellt, ausschöpfen, um die Aufgaben eines Tages zu bewältigen, dann dürfen wir am Abend zufrieden nach Hause gehen. Wie lange ist es her, seit wir dieses gute Gefühl zuletzt gehabt haben? Ich meine nicht dieses müde Unbefriedigtsein eines völlig Erschöpften, sondern die Müdigkeit, die man am Ende eines Tages empfindet, an dem man mit der Gewißheit ins Bett geht, seine Kraft so eingesetzt zu haben, wie Gott es von einem erwartet. Wie lange ist das her?

In Alaska suchte vor kurzem ein kleiner Mann eine Arbeit als Holzfäller. Er wandte sich an den Chef, einen stämmigen Kerl, der gerade mit einem halben

Dutzend Männern seines Schlages redete. Der Kleine trat dazwischen und sagte: „Ich möchte hier als Holzfäller anfangen!" Alle begannen zu lachen. „Sie sind doch viel zu klein für diesen Job!" antwortete der Chef. Aber einer der umstehenden Männer meinte: „Gib ihm doch wenigstens eine Chance, damit er dir beweisen kann, was er fertigbringt." Dies schien nämlich eine ausgezeichnete Gelegenheit zu sein, sich köstlich zu amüsieren. Der Chef begriff das auch sofort und erwiderte: „Na gut, meinetwegen, kommen Sie her!" Er suchte einen der größten und schwierigsten Bäume aus und sagte: „Woll'n mal seh'n, was Sie damit anfangen." Die Kraftprotze stellten sich um ihn herum und flüsterten: „Ich könnte das Ding nicht an einem Tag umlegen" und: „Bestimmt wird die Axt vom Baum zurückprallen und seinen Kopf treffen."

Doch der kleine Mann hob die Axt — ließ sie durch die Luft sausen und — wumm! Mit einigen wuchtigen Hieben schlug er den Baum um.

Die großen Burschen starrten zuerst ungläubig auf den Baum und dann auf den kleinen Mann.

„Das war der falsche Baum. Kommen Sie her und versuchen Sie es noch einmal mit diesem!" — Sie zogen ihn zu einem noch größeren Baum. Ein Zischen und — wumm! Binnen kurzer Zeit fiel auch dieser Baum.

„Bravo!" rief der Chef, „ich nehme Sie! Aber vorher verraten Sie mir noch eins: Wo in aller Welt haben Sie das Holzfällen gelernt?"

„In den Sahara-Wäldern", antwortete der Kleine.

„In den Sahara-*Wäldern*? Sie meinen wohl in der Sahara-Wüste."

„Ja", erwiderte der kleine Mann, „so heißt sie *jetzt*."

Achte darauf, daß die Schwierigkeiten dir nicht über den Kopf wachsen!

Unsere Schultern sind gerade stark genug, um die Probleme *eines* Tages zu tragen. Diese Belastung ist nach der Schrift durchaus zumutbar, mehr nicht. Gottes Wort sagt: „Laßt die Sonne nicht über eurem Zorn untergehen" (Eph. 4, 26). Das heißt, daß man die Probleme und die täglich auftretenden Schwierigkeiten in Ordnung bringen soll, bevor man ins Bett geht.

Viele Menschen kommen in die Seelsorge, weil sich in ihnen Ärger und Bitterkeit von Jahren angesammelt haben. Man kann aber solche Last nicht lange mit sich herumschleppen, ohne daß sie einen körperlich und seelisch fertig macht. Wie ist das, wenn wir zu Hause eine Zahnpastatube entdecken, die einfach achtlos in der Mitte zusammengedrückt ist, statt vom Ende her? Wie reagieren wir dann? Schimpfen wir gleich los: „Diese Frau (oder dieser Mann) war wieder dran!"? Wenn wir ein großes Theater machen, dann stimmt etwas nicht. Dann regt man sich über diese Kleinigkeit mehr auf, als sie es verdient. Dann verbergen sich hinter unserem Verhalten noch andere Dinge und Konflikte, die bisher nicht in Ordnung gebracht wurden.

Als *Gerhard* in die Seelsorge kam, erklärte er, daß er die Absicht habe, sich scheiden zu lassen. Er erklärte: „Meine Frau versäumt es dauernd, die Schubladen zu schließen. Immer, wenn ich in ein Zimmer komme, stoße ich mich an einer offenen Schublade. Ich habe die Nase voll!" Das sagte er, und wir glaubten es ihm auch. Aber das Problem waren ja gar nicht die offenstehenden Schubladen. Er hatte die Nase voll von seiner Frau! Da waren noch manch andere Dinge im Spiel. Wenn ihr Verhältnis zueinander in Ordnung gewesen wäre, hätten sie dieses Problem sicher leicht aus der Welt schaffen können. Man kann aber nicht mit einem Dutzend anderer unbereinigter Konflikte im Hintergrund an eine solche Sache herangehen.

Laufend einen Schlußstrich unter die aufgetretenen Schwierigkeiten eines jeden Tages setzen, das bedeutet: „Laßt die Sonne nicht über eurem Zorn untergehen!" Eheleute behaupten oft, daß sie sexuelle Probleme hätten, aber der Grund liegt woanders. Sie nehmen ihre unbereinigten Konflikte mit ins Bett und erwarten trotzdem gute sexuelle Beziehungen. Es fällt dem Mann und ganz besonders der Frau schwer, körperlich zu lieben, wenn die rechte seelische Einstellung zum Partner nicht vorhanden ist. Und das ist der Fall, wenn man all die vorausgegangenen Konflikte noch nicht bereinigt hat.

Da kommen Leute in die Sprechstunde des Seelsorgers, die haben nicht nur die Sonne, sondern auch viele Monde über ihrem Zorn untergehen lassen. Die Bibel aber betont mit Nachdruck, daß die Probleme eines jeden Tages sofort in Ordnung gebracht werden sollen. Wie wir unmöglich die Schwierigkeiten von morgen schon heute bewältigen können, so sollten wir auch nicht diejenigen von gestern ins Heute hinüberschleppen. „Jeder Tag hat seine eigenen Probleme!"

Wie man seine Sorgen überwindet

In Philipper 4, 4—9 nennt Paulus drei Schritte, wie man mit dem Problem des Sorgens fertig werden kann:

1. Bete mit Danksagung

„Sorget euch um nichts, sondern in allem laßt im Gebet und Flehen mit Danksagung eure Bitten vor Gott kundwerden!" (Phil. 4, 6.)

Paulus sagt zunächst: „Sorgt euch um nichts!" Wirklich um nichts! Es gibt keinerlei Entschuldigung für das Sorgen. Statt dessen sollen wir im Gebet und Flehen mit Danksagung unsere Wünsche vor Gott bringen. Alle Anweisungen im Neuen Testament über das Beten sind in diesem Vers zusammengefaßt. Hier ist Platz für ganz konkrete Wünsche und ernsthaftes Bitten.

Aber das Flehen ist nicht alles. Nicht die Bitte um die Lösung unseres Problems allein ist es, was die Sorgen fortschafft, sondern vielmehr das Danken im Gebet für die Schwierigkeit selbst. Über etwas, wofür man dankbar ist, sorgt man sich nicht. Wenn mir jemand anbietet, eine hohe Rechnung für mich zu bezahlen, dann sorge ich mich nicht mehr um die Rechnung. Statt dessen bin ich dankbar.

„Aber wie kann ich für Schwierigkeiten dankbar werden? Wie werde ich dankbar für eine Krankheit, für den Verlust meiner Arbeitsstelle, für das Eintreffen anderer widriger Umstände? Ich kann verstehen, daß man für ein Geschenk dankbar ist. Aber wie sollte man für Unangenehmes danken können?"

Die Antwort darauf gibt Römer 8, 28: „Alle Dinge dienen denen, die Gott lieben, zum Besten, denen, die nach Gottes Plan berufen sind." Auch das Unangenehme ist ein Geschenk; denn Gottes Wort sagt: „Alle Dinge wirken zum Guten mit..."

Wie ich im Glauben annehmen mußte, daß Jesus Christus mir meine Schuld vergab, so kann ich auch im Glauben annehmen, daß Christus verheißen hat, für mich zu sorgen. Ich brauche auch nicht länger meine Sorgenlast mit mir herumzuschleppen. Er, der für mich starb, errettete mich nicht, um mich in einer feindseligen Welt im Stich zu lassen. Er verspricht: „Trachtet zuerst nach dem Reich Gottes und nach seiner Gerechtigkeit, so wird euch solches alles zufallen" (Matth. 6, 33).

Gott hat es so eingerichtet, daß denen, die Christus errettet hat, „alle Dinge zum Besten dienen", auch jene Schwierigkeiten und Unannehmlichkeiten, jenes Unglück und Herzeleid, jener Kummer und Schmerz. Das dürfen wir glauben. Gott regelt alle Verhältnisse und richtet sie so ein, daß sie unserem Besten dienen, auch dann, wenn wir das Wie nicht erkennen. Auch wenn wir in manchen Lagen unmöglich einen Sinn erkennen können, dürfen wir Gott glauben. Wenn das Leid so groß ist, daß wir uns auch nicht annähernd vorstellen können, wie es uns zum Besten dienen könnte, dürfen wir ihm doch vertrauen.

2. Suche in Gottes Wort nach Lösungen für deine Schwierigkeiten

„Liebe Brüder, was wahrhaftig ist, was ehrbar, was gerecht, was rein, was lieblich, was wohllautet, ist etwa eine Tugend, ist etwa ein Lob, dem denket nach!" (Phil. 4, 8.)

Hier ist nicht vom alle Sorgen übertönenden Gelächter eines Komikers die Rede. Paulus verschreibt den Philippern etwas anderes. Von dem ersten falschen Weg, mit den Sorgen fertig zu werden, haben wir schon gehört: Man läßt seine Gedanken mehr um das Morgen kreisen als um das Heute. Der zweite Irrweg: Oftmals sind Menschen, die in die Seelsorge kommen, deprimiert und festgefahren. Vielleicht haben sie den Dienst für Gott und sogar die Freude am Leben aufgegeben. Häufig reagieren sie so, weil sie in Sorgen oder Selbstmitleid fast ersticken, wenn sich Schwierigkeiten vor ihnen auftürmen. Selbstmitleid und Sorgen gehen Hand in Hand. Menschen, die sich ständig Sorgen machen, neigen dazu, nur auf die Schwierigkeiten zu sehen, nicht aber auf deren Lösung.

Jedes Ding hat zwei Seiten, und jedes Problem hat auch eine positive Seite. Fragen wir uns immer: „Wie kann ich das Beste daraus machen?" „Wie kann ich es zu Gottes Ehre anpacken und in den Griff bekommen?"

Viele Anweisungen und Ratschläge, die Seelsorger heute im Hinblick auf ein „Sichluftmachen" und „Sichaussprechen" geben, sind falsch. Das Reden selbst kann zerstörend sein. Wenn wir jemandem wirklich helfen wollen, können wir uns nicht nur über seine Schwierigkeiten unterhalten. Reden an sich ist noch keine Heilmethode.

Da ist z. B. jemand, der sich über eine schwierige Angelegenheit Sorgen macht. Er bemitleidet sich selbst. Wenn wir jetzt ausführlich mit ihm über seine Probleme reden, erreichen wir wahrscheinlich nur, daß er noch tiefere Einblicke in das Ausmaß seiner Not erhält. Eventuell eröffnen wir ihm noch eine ganz neue Seite seines Problems. Er mag für die Dauer von zehn Minuten (oder auch von zehn Stunden) Erleichterung verspüren, weil er seinem Herzen Luft gemacht hat. Wenn er aber wieder anfängt, über die ganze Sache nachzudenken, erkennt er erst richtig, wie schwierig sie ist. Wir haben dann dazu beigetragen, seinen Kummer noch zu vergrößern.

Manche werden erstaunt fragen: „Aber ich dachte, Seelsorger sollen mit andern über ihre Nöte reden?!" Ja, sie sollen es, aber sie sollen dabei nicht stehenbleiben! Sie müssen lernen, immer wieder durch die Probleme hindurch zu den biblischen *Lösungen* vorzustoßen.

Wir sollen darüber nachdenken, was nach Gottes Willen in dieser Sache getan werden muß. Das Hauptaugenmerk darf dabei nicht auf das Problem oder dessen Ausmaß gerichtet sein. Biblische Seelsorge ist voller Anteilnahme, aber sie weiß auch, daß wirkliches Mitleid bedeutet, dem andern zu helfen, nach Gottes Willen zu fragen und danach zu handeln. Es bedeutet, die Schätze der Heiligen Schrift auszugraben und dem andern zu helfen, eine Antwort zu finden. Das ist freilich schwieriger als ihn nur zu bedauern und zu bemitleiden.

Wir wollen festhalten: Um den Sorgen zu begegnen, muß man immer ihre Lösung ansteuern, nicht aber bei den Schwierigkeiten stehenbleiben.

3. Gehe das Problem auf Gottes Art an

Paulus bittet eindringlich: „Was ihr auch gelernt und empfangen und gehört und gesehen habt an mir, das tut; so wird der Gott des Friedens mit euch sein" (Phil. 4, 9). Hier ist der nächste Schritt, um zur Ruhe zu kommen. Zuerst das Gebet mit Danksagung, dann das Nachsinnen darüber, wie man den Schwierigkeiten begegnen kann. Nun sagt Paulus, daß man auch etwas gegen sie unternehmen soll. Wir sollen das tun, was zur Lösung des Problems getan werden muß. Das bringt Mühe und Arbeit mit sich, wir sollten das nie vergessen! Aber das ist heilsam. Niemand, der Probleme wirklich anpackt, ist ein besorgter Mensch. Wenn wir den heutigen Problemen zu Leibe rücken, können wir uns nicht gleichzeitig Sorgen darüber machen, was morgen geschehen wird. Wir sollen deshalb unsere Energien, Bemühungen und unsere ganze Person zur Bewältigung der Probleme von heute einsetzen.

Viele erleben die Befreiung nicht, weil sie diese Mühe scheuen. Mancher, der sich Sorgen macht, ist einfach faul. In Matthäus 25 erzählt Jesus das Gleichnis von den drei Dienern, denen Geld anvertraut worden war. Als ihr Herr zurückkehrte, forderte er Rechenschaft über den Verbleib des anvertrauten Geldes. Der dritte Diener hatte das Geld vergraben. Er brachte es dem Herrn und sagte: „Hier ist dein Geld. Ich vergrub es, weil ich Angst vor dir hatte" (Matth. 25, 25). Der Knecht sorgte sich um mögliche Konsequenzen, die das Anlegen des Geldes mit sich bringen könnte. Statt zu gewinnen, könnte es ja auch verloren gehen. Er sorgte sich darüber, was der Herr dann sagen oder tun würde. Doch das lähmte seine Aktivität. Er sorgte sich nur und arbeitete nicht mehr. Die Antwort ist sehr deutlich: „Du böser und fauler Knecht...!"

Wer sich ständig Sorgen macht, kann überhaupt nichts anderes mehr tun, weil er schon die Probleme von morgen wälzt. Das aber macht *jeden* Menschen arbeitsunfähig.

Irgend etwas kann in einer schwierigen Lage immer getan werden (1. Kor. 10, 13). Selbst wenn wir rein äußerlich nichts ändern können, besteht die Möglichkeit, durch eine neue innere Einstellung manche schwierigen Verhältnisse grundlegend zu ändern. Unsere innere Bereitschaft, etwas mutig anzugehen, ist meist schon der halbe Sieg.

Wer merkt, daß er sich sorgt, statt zu arbeiten, dem schlage ich folgendes Verfahren vor: Setzen Sie sich hin und nehmen Sie zu folgenden drei Fragen schriftlich Stellung:

1. Was macht mir Kummer?

2. Was soll ich nach Gottes Willen dagegen tun?

3. Wann, wo und wie sollte ich damit beginnen?

Wer seinen Kummer schriftlich fixiert hat, kann dann sofort beginnen, nach einer Antwort aus der Bibel zu suchen. Dabei sollte die positive Seite beachtet werden: „Wie kann ich diese Sache zur Ehre Gottes in Ordnung bringen?"

Aber dann darf man nicht bei der guten Lösung und den prima Ideen stehenbleiben, sondern sich an die Arbeit machen. Man ordne die Schritte, die man unternehmen will, stelle sie in einer Liste zusammen und trage den schwierigsten als ersten ein. (Denken Sie an Abraham, der früh aufstand, um einen Auftrag auszuführen, bei dem ihm das Herz blutete. Er sollte Isaak, seinen einzigen, geliebten Sohn, opfern — 1. Mose 22, 3.) Dies ist Gottes Weg, um mit Sorgen fertigzuwerden.

Nur in einem Fall sind Sorgen berechtigt

Das Wort aus Philipper 4, 6: „Sorgt euch um nichts, sondern worum ihr zu bitten habt, das laßt in Gebet und Fürbitte mit Dank vor Gott kommen", dieses Wort gilt nur solchen, die Jesus Christus zum Herrn ihres Lebens angenommen haben. Alle anderen haben nämlich allen Grund zur Sorge: Wie werde ich vor dem heiligen Gott bestehen können? Diese Sorge um das ewige Heil ist berechtigt und sollte von niemandem abgeschüttelt oder auf die leichte Schulter genommen werden. Wer Gott noch nicht zum Vater hat, *muß* sich

Sorgen machen, weil die Verheißung aus Römer 8, 28 für ihn noch nicht gilt: „Denen, die Gott lieben, müssen alle Dinge zum Guten mitwirken."

Ein Christ aber darf seine Sorgen dem hinwerfen, der versprochen hat, in allem für uns zu sorgen.

Trainingsprogramm für ein neues Leben

Erinnern wir uns noch an den letzten Gottesdienst, den wir entschlossen verließen, alles zu ändern? Ein neues Leben sollte beginnen. „Dieses Mal", sagten wir, „ist es mir Ernst damit." Doch am Dienstag war das Feuer bereits erloschen.

Als wir das letzte Mal ein Buch wie dieses lasen, haben wir vielleicht gesagt: „Von jetzt an...", aber wir sind immer noch dieselben Leute wie damals. Wir wollten das Richtige, aber nichts geschah. Wir haben es versucht, aber nicht geschafft.

Es gab wohl manche Veränderung, ein bißchen Wachstum und etwas Segen, aber nicht die Erneuerung, die wir ersehnt hatten.

Das ist die Erfahrung vieler Christen. Wir sind mit diesem Problem nicht allein. Manche haben die Hoffnung aufgegeben. Aber immerhin trifft man von Zeit zu Zeit Christen, deren Leben anders ist. Irgendwie muß die Antwort zu finden sein.

Warum sind unsere Versuche fehlgeschlagen? Warum gelingt uns die Änderung selbst kleiner Dinge so selten? Unser Hauptproblem ist, daß wir versuchen, von heut auf morgen ein Leben zu führen, das Gott gefällt. Der Vorsatz mag zwar fromm sein, und es gibt auch alles mögliche fix und fertig, vom Fertig-Pudding bis zum Fertighaus, aber ein fertiges Rezept für geistliches Leben gibt es nicht.

Übung macht den Meister

Die Bibel sagt sehr klar, wie wir zur Gottesfurcht kommen können. *„Übe dich* in der Gottesfurcht", schreibt Paulus im ersten Brief an Timotheus (4, 7). Übung, Disziplin ist das Geheimnis der Gottesfurcht.

Das Wort Disziplin ist heute nicht besonders beliebt. Und doch gibt es keinen anderen Weg, um nach Gottes Fasson zu leben; Disziplin ist der Weg zu einem erneuerten Leben. Wir müssen uns Disziplin angewöhnen, wenn wir ans Ziel kommen wollen.

Wir können als Christen nicht einmal wählen, ob wir gottesfürchtig leben wollen oder nicht. Die Worte des Apostels Paulus kommen einem Befehl gleich, mit dem Gott uns das Ziel setzt. Gott will, daß seine Kinder gottesfürchtig sind. Deshalb gibt er ihnen den Auftrag, sich in der Gottesfurcht zu üben. An anderen Stellen unterstreicht er das: „Seid heilig, wie auch ich heilig bin" und „Seid vollkommen, wie auch ich vollkommen bin" (Matth. 5, 48). Gewiß, die Vollkommenheit selbst werden wir in diesem Leben nicht erreichen (1. Joh. 1, 8), aber vollkommene Gottesfurcht ist ein Ziel, das jeder Gläubige Tag für Tag anstreben soll. Es bedeutet, ein Leben zu führen, in dem Gott zu seinem Recht kommt. Wir sollen Gott gefallen, indem wir unser Denken, Tun, Reden und Fühlen an seinem Willen orientieren.

Sie wenden ein: „Aber solche Verallgemeinerung ist genau das, was ich nicht hören kann. Ich weiß, daß Gott mich gottesfürchtig haben möchte, aber das ist gerade das Problem: Ich lebe kein diszipliniertes Leben, und Sie haben mir nicht gesagt, wie ich es kann!"

Moment, das kommt gleich, aber alles zu seiner Zeit! Wenn wir Disziplin lernen wollen, müssen wir Geduld lernen. Weder die Gottesfurcht selbst fällt vom Himmel, noch gibt es eine kurze Erklärung, wie sie zu erreichen ist.

Man muß ein Ziel haben

Kehren wir zu unserem Ausgangspunkt zurück: Wenn unser Leben auf Gottesfurcht ausgerichtet ist, werden wir dieses Ziel ständig vor Augen haben. Wir werden bei der Arbeit, zu Hause oder in der Schule denken: „Ich soll Christus in dieser Arbeit verherrlichen." Wenn wir an Jesus Christus als unseren Retter glauben, dann *haben* wir dieses Ziel. Es kann Zeiten geben, in denen wir entmutigt oder müde werden, so daß wir das Ziel aus den Augen verlieren oder es uns vielleicht sogar lästig ist. Aber wenn jemand wirklich an Jesus glaubt, wird der Brunnen niemals ganz trokken; tief in seinem Herzen wird das Verlangen wieder wach werden. Wir werden „nach Gerechtigkeit hungern und dürsten".

Wenn Paulus schreibt: „Ist jemand in Christus, so ist er eine neue Kreatur. Das Alte ist vergangen, siehe, Neues ist geworden" (2. Kor. 5, 17), dann meint er folgendes: Der Heilige Geist hat unser Leben auf Gott und seine Herrlichkeit ausgerichtet und uns ein neues Ziel gesteckt. Aber dadurch werden wir nicht automatisch gottesfürchtig. Durch das Werk Jesu sind wir in Gottes Augen vollkommen, aber augenblicklich sind wir noch weit von diesem Ziel entfernt.

Das Problem ist, daß die vielen *alltäglichen* Dinge noch nicht auf Gott ausgerichtet sind, obwohl die neue Orientierung grundsätzlich da ist. Der „alte Mensch" (die alte Lebensweise) ist immer noch unser unerwünschter Begleiter. Wir entdecken, daß unser Leben selten geschlossen auf das Ziel gerichtet ist. Wir haben noch nicht gelernt, Gottesfurcht einzuüben. Wie geht das?

Fit durch tägliches Training

Lernen bedeutet Arbeit, anhaltende, tägliche Anstrengung. Von dem Wort, das Paulus im Griechischen verwendet, sind die Wörter „Gymnastik" und „Gymnasium" abgeleitet. Es ist ein Ausdruck, der für Athleten gebraucht wird. Ein Athlet wird nur durch hartes Training zum Spitzensportler. Meinen Sie etwa, Franz Beckenbauer wäre dadurch einer der besten Fußballer der Welt geworden, daß er einfach beschloß, Fußballspieler zu werden? Wir wissen genau, daß er hart trainieren mußte, um der hervorragende Spieler zu werden, der er heute ist. Kein angehender Gewichtheber sagt: „Hier ist ein großes Gewicht. Ich habe so was zwar noch nie gemacht, aber ich werde versuchen, es zu heben." Er wird sich das Rückgrat oder sonstwas brechen! Zunächst muß er mit leichten Gewichten anfangen, dann, über Monate und Jahre hinweg, immer schwerere. So kann er sich zum schwersten vorarbeiten. Er wird auch nicht sagen: „Diese Woche trainiere ich jeden Tag fünf Stunden, dann kann ich es die nächste Woche seinlassen." Athleten müssen *regelmäßig* üben, gewöhnlich jeden Tag. Sie trainieren, bis ihr Training ihnen zur zweiten Natur wird.

So arbeitet ein Athlet. Und genau das steckt in dem Wort, das Paulus gebrauchte. Dauernde, tägliche Anstrengung ist ein wesentlicher Bestandteil christlicher Disziplin.

Disziplin in diesem Sinn fehlt vielleicht in Ihrem Leben. Es ist höchste Zeit zu erkennen, daß wir durch dauerndes Üben Gottes Willen gehorchen lernen.

Was bedeutet das praktisch? In Lukas 9, 23 sagt Jesus zu seinen Jüngern: „Wer mir folgen will, der verleugne sich selbst und nehme sein Kreuz auf sich täglich..." Jesus sagt nicht, daß wir *irgend etwas* verleugnen sollen, sondern daß wir uns *selbst* verleugnen sollen, unser Ich. Mit dem „Ich" meint Jesus unsere alten Wünsche, die alten Wege und Gewohnheiten, die wir uns vor der Bekehrung aneigneten. Sie wurden so sehr Teil unserer selbst, daß wir sie schließlich ganz „natürlich" fanden. Jeder Mensch ist zwar als Sünder geboren, aber jeder hat auch einen eigenen sündigen Lebensstil entwickelt. Weil das alte Leben gegen Gott gerichtet ist, muß der Glaubende *täglich* sein Ich verleugnen.

Wann immer Gott „ablegen" sagt, sagt er auch „anziehen". Gottesfurcht zu üben bedeutet, dauernd „nein" zum Ich und „ja" zu Christus zu sagen, bis die alten Gewohnheiten durch neue ersetzt sind. Es bedeutet, daß wir durch tägliche Übung es auf die Dauer natürlicher finden, Gottes Willen zu tun, als ihn nicht zu tun. Der Heilige Geist befähigt den Gläubigen, den alten Menschen abzulegen und den neuen anzuziehen.

Heilige Gewohnheiten

Gott gab dem Menschen eine wunderbare Fähigkeit: die Gewöhnung. Wenn wir etwas lange genug tun, wird es Teil von uns. Haben Sie zum Beispiel heute morgen Ihren Mantel von oben nach unten oder von unten nach oben zugeknöpft? Sie überlegen? Sie sagen also nicht zu sich selbst: „Ich werde jetzt meinen Mantel zuknöpfen, heute beginne ich oben..." Daran verschwenden wir keinen Gedanken, das geht „von selbst".

Diese Fähigkeit, etwas aus Gewohnheit zu tun, hat Gott uns gegeben. Nehmen wir ein anderes Beispiel. Denken Sie daran, wie Sie zum ersten Mal am Steuer eines Autos saßen. Ein beklemmendes Gefühl! „Hier oben ist das Lenkrad, und hier unten sind mehrere Pedale und da die Hebel und Knöpfe! All das soll ich richtig gebrauchen und gleichzeitig noch auf die Straße und die Verkehrszeichen achten ... Wie soll ich das jemals lernen?" Können Sie sich an diese Zeit erinnern? Und heute? Gegen Mitternacht steigen Sie in Ihr Auto. Sie stecken den Schlüssel ins Zündschloß, zünden den Motor, schalten das Licht an, legen den Gang ein, lösen die Handbremse und fahren los. Während dieser ganzen Zeit erörtern Sie mit Ihrem Beifahrer irgendwelche Dinge. Ist das nicht erstaunlich? Sie haben gelernt, komplizierte Vorgänge unbewußt zu verbinden. Wie haben Sie das gelernt? Sie fuhren so lange Auto, bis es für Sie ganz natürlich wurde. Genau das meint Paulus mit „üben".

Im Hebräerbrief wird dieser Sachverhalt sehr deutlich erklärt. Dort werden Christen angesprochen, die immer noch nichts gelernt haben, obwohl sie Gottes Wort schon oft hörten. Der Grund ist, daß sie es nicht anwendeten. Deshalb müssen sie noch unterwiesen werden, obwohl sie schon selbst andere unterrichten sollten. „Wem man noch Milch geben muß, der ist unerfahren in dem Wort der Gerechtigkeit." Und weiter: „Den Vollkommenen aber gehört starke Speise, die durch *Gewohnheit* haben *geübte* Sinne, zu unterscheiden Gutes und Böses" (Hebr. 5, 13—14). Das ist es! Das Üben der Gottesfurcht führt zum gottesfürchtigen Leben. Es macht die Gottesfurcht „natürlich". Wenn wir praktizieren, was Gott uns sagt, wird dieser Gehorsam ein Teil von uns selbst.

Vielleicht werden manche sagen: „Ich kann das nicht." Dabei haben sie es ja bereits getan. Sie haben unbewußt Gewohnheiten entwickelt. — Als sündige Menschen haben wir sündige Gewohnheiten praktiziert, so daß sie für uns „natürlich" wurden. Die Fähigkeit, sich an etwas gewöhnen zu können, steht außer Frage. Nur wird sie meist für die falschen Ziele eingesetzt. Wir können Gewohnheiten nicht vermeiden. Aber ob sie sich als Segen oder als Fluch auswirken, das hängt ganz davon ab, was wir einüben! Womit wir unser Leben speisen, das wirkt sich aus. Es ist wie bei den Daten, mit denen ein Computer gefüttert wird. Ein Computer ist nie besser als die Daten, mit denen er arbeitet.

In 2. Petrus 2, 14 spricht Petrus von Menschen, deren Herz „in Habsucht geübt" ist. Er benutzt hier dasselbe Wort — üben (gymnadso) — wie Paulus. Ein Herz, das in der Habsucht *geübt* ist, hat die Habsucht so lange praktiziert, bis sie „natürlich" wurde. Ohne bewußt darüber nachzudenken, handelt solch ein Mensch „automatisch" habsüchtig.

Weil wir von Gott die Fähigkeit erhalten haben, unser Leben in gewohnheitsmäßigen Bahnen verlaufen zu lassen, müssen wir unser Leben sorgfältig nach unbewußten Gewohnheiten untersuchen und sie uns bewußt machen. Diese Gewohnheiten müssen nach Gottes Wort bewertet werden. Was wir als Kind tun lernten, setzen wir gern als Erwachsene fort. Jeden einzelnen Bereich unseres Lebens müssen wir analysieren und bestimmen, ob er nach Gottes Willen oder in der alten sündigen Weise gelebt wird.

Es gibt nur einen Weg, ein gottesfürchtiger Mensch zu werden: sein ganzes Leben auf Gottesfurcht hin auszurichten, und zwar einen Bereich nach dem andern. Die alten, sündigen Wege müssen, sobald sie erkannt sind, durch neue Wege nach Gottes Willen ersetzt werden. Das ist die Bedeutung eines disziplinierten Lebens. Disziplin erfordert als erstes die Selbstprüfung, dann die Kreuzigung der alten, sündigen Wege (ein tägliches „Nein-sagen") und schließlich die Praxis, Jesus auf neuen Wegen zu folgen durch die Kraft des Heiligen Geistes. Der biblische Weg zur Gottesfurcht ist weder leicht noch simpel, aber es ist ein solider Weg.

Jeder kann aus seiner Haut heraus

Ein Ratsuchender fragte, ob ein solcher Wandel überhaupt möglich ist: „Kann ein fünfzigjähriger Mann sich noch ändern?" Es war ihm mit dieser Frage vollkommen ernst. Da saß ich nun, ein 45jähriger Seelsorger und überlegte: „Dauert es nur noch 5 Jahre, bis ich mich einfrieren lassen kann?" Da fiel mir das Jo-Jo-Spiel ein. Kennen Sie es? Es war vor kurzem wieder modern. Als 45jähriger erinnere ich mich noch lebhaft an das „Jo-Jo-Zeitalter" in meiner Kindheit. Die „Duncan Jo-Jo Company" hatte damals ein sehr gutes Werbesystem und wirklich viel bessere Jo-Jos.

Heute gibt es Plastikmodelle, die alten Holzmodelle waren besser. Die „Duncan Company" veranstaltete Wettbewerbe, und in jedes Geschäft kam ein Vertreter, um den Kindern die besten Tricks zu zeigen. Wenn man lange genug trainierte, konnte man all diese Tricks anwenden und mit dem Jo-Jo umgehen, wie man wollte.

Ich hatte jahrzehntelang kein Jo-Jo angerührt, bis vor kurzem meine Kinder mit Jo-Jos heimkamen. Aber sie hatten keine Ahnung, wie man damit umgeht. Mein Sohn wußte nicht einmal, welchen Finger man dazu benutzt. Es gab keine Vertreter mehr, die es ihm zeigten. Was blieb mir anderes übrig, als es ihm selbst beizubringen? Ich nahm es, machte eine Schlaufe in die Schnur, steckte den Finger durch, und nach ein paar Anläufen kam das Gefühl dafür zurück. Die Augen meines Sohnes wurden immer größer, als ich ihm die Tricks zeigte. Ich brauchte nicht lange zu üben, die damals gelernte Geschicklichkeit war wieder da.

Wie kann sich ein Fünfzigjähriger ändern? Kann er wirklich anders werden? Können wir auch noch im fortgeschrittenen Alter ein gottesfürchtiges Leben beginnen? Bestimmt! Das sagte ich auch jenem Ratsuchenden: „Als ich zehn Jahre alt war, lernte ich, ein Jo-Jo zu gebrauchen, und jetzt, viele Jahre später, waren mir die alten Gewohnheiten noch geläufig." Die Frage ist nicht, ob ein Fünfzigjähriger sich ändern kann, sondern: Kann sich jemand ändern, nachdem er einmal etwas Falsches gelernt hat? Vielleicht sind Sie seit Jahren nicht mehr Fahrrad gefahren, aber Sie könnten es heute wieder. Wahrscheinlich würde es keine fünf Minuten dauern, bis Sie „das Gefühl dafür" wieder hätten. Aber auch verkehrte Gewohnheiten können abgelegt werden, wenn wir uns daranmachen, neue, gottwohlgefällige Gewohnheiten einzuüben. Wenn wir uns in der Gottesfurcht üben wollen, brauchen wir es nicht allein zu tun. „Gott ist es, der in euch wirkt..." (Phil. 2, 13). Alle Heiligkeit, alle Rechtschaffenheit, alle Gottesfurcht sind „Früchte des Geistes" (Gal. 5, 22. 23). Es braucht nichts als die Kraft des Heiligen Geistes, um die sündigen Gewohnheiten durch neue (gottgefällige) zu ersetzen. Das gilt für einen Zehnjährigen genauso wie für einen Fünfzigjährigen. Gott hat niemals gesagt, daß sich ein Mensch, wenn er vierzig oder fünfzig oder achtzig Jahre alt ist, nicht mehr ändern kann. Schauen wir uns nur Abraham an, was er — trotz seines Alters — noch vermochte. Welche Änderungen verlangte Gott von ihm! Der Heilige Geist kann jeden ändern.

Als Christen sollten wir keine Änderung fürchten. Christenleben ist ständige Änderung. Die Bibel nennt das Leben eine „Wanderung", keine Rast. Wir können in diesem Leben niemals sagen: „Ich habe das Ziel erreicht. Es gibt nichts mehr zu lernen, nichts, was ich morgen neu in die Praxis umsetzen könnte, keine Sünden mehr abzulegen." Als Christus sagte: „Nimm dein Kreuz auf dich täglich und folge mir nach", machte er mit dieser Meinung Schluß. Er stellte das Christenleben dar als einen täglichen Kampf umÄnderung. Wir können uns ändern, wenn der Heilige Geist in uns lebt. Ohne ihn gibt es keine Hoffnung.

Kein Grund zum Aufgeben

Zu viele Christen geben auf. Sie wollen die Änderung zu bald. Sie wollen Änderung ohne täglichen Kampf. Manchmal geben sie auf, wenn sie dem Erfolg ganz nahe sind. Sie hören auf, ohne zu empfangen. Normalerweise dauert es mindestens drei Wochen täglichen Kampfes, bis sich ein Mensch an eine neue Tätigkeit gewöhnt hat. Und es dauert nochmals etwa drei Wochen, damit sie Teil eines Menschen wird. Aber viele Christen halten nicht einmal drei Tage durch. Wenn sie nicht sofort Erfolg haben, verlieren sie den Mut. Was sie möchten, wollen sie jetzt haben, und wenn sie es nicht bekommen, geben sie auf.

Denken wir einen Augenblick über dieses Problem nach. Erinnern Sie sich noch daran, wie Sie Schlittschuhlaufen lernten? Was geschah, als Sie das erste Mal auf dem Eis standen? Sie wissen, was geschah: sst-peng! Sie bekamen ein feuchtes Hinterteil. Das geschah jedesmal, wenn Sie wieder aufstanden und es nochmals versuchten, sst-peng. Niemand lernt Schlittschuhlaufen, ohne hinzufallen. Als Sie nun frierend dastanden, mußten Sie eine Entscheidung fällen: „Soll ich weitermachen oder das Ganze aufgeben?" Vielleicht haben Sie es nach dem zweiten Fall aufgegeben und seither nicht gelernt. Viele Leute entscheiden sich so. Sie finden Schlittschuhlaufen nicht der Mühe wert, die es mit sich bringt. Aber andere machen trotzdem weiter. Sie stehen auf und beginnen von Neuem: sst-peng, sst-peng, sst-peng, dann ssst-peng. Etwas ist geschehen. Bevor Sie es verstehen, geht es sssssst-peng, dann ssssssssst-peng und schließlich ssssssssssssssssss . . . . Wenn Sie lange genug üben, haben Sie keine Probleme mehr mit dem Schlittschuhlaufen.

Vielleicht hatten wir Angst, mit jemandem über Christus zu reden. Vielleicht haben wir es ein- oder zweimal versucht, und — soweit es uns betraf — ging es sst-peng! Angenommen, wir wurden wirklich etwas „feucht". Na und? Ist das so schlimm? Ist das ein Grund zum Aufgeben? Bestimmt nicht! Es ist nur ein Teil des Lernens. Angenommen, es fällt uns schwer, täglich die Bibel zu lesen und zu beten; ist das ein Grund zu resignieren? Nein! Wenn wir drei Wochen lang geübt hätten, dann könnten wir jetzt Schlittschuhlaufen. Wenn wir wirklich gottesfürchtig werden wollen, dann müssen wir auf dem „Eis" bleiben. Lassen wir uns nicht durch das „feuchte Hinterteil" entmutigen. Wenn es uns nichts ausmacht, naß zu werden, wird es bald viel mehr Ssssts und viel weniger Pengs geben; schneller, als wir denken.

In der Seelsorge muß ich immer wieder denselben Fehler bei Christen feststellen: einen Mangel an dem, was die Bibel „Ausharren" nennt; sie geben auf. Ausharren ist vielleicht der Schlüssel zur Gottesfurcht durch Disziplin. Wir hätten niemals Schlittschuhlaufen gelernt, nie gelernt, ein Jo-Jo zu benutzen, unseren Mantel zuzuknöpfen oder Auto zu fahren, wenn wir nicht lange genug geübt hätten. Wir haben es gelernt, weil wir trotz Mißerfolgen durchgehalten haben, bis das Erwünschte für uns „zur zweiten Natur" wurde. Gott sagt dasselbe über Gottesfurcht.

Göttliche Energien

Die Bedeutung, die die Bibel auf menschliche Anstrengung legt, darf jedoch nicht mißverstanden werden. Wir sprechen hier von einer Anstrengung, die durch den Heiligen Geist motiviert wird. Nicht die Anstrengung neben dem Heiligen Geist bewirkt Gottesfurcht, sondern durch die Kraft des Heiligen Geistes allein ist das Ziel erreichbar. Beim Schlittschuhlaufen können wir aus eigener Kraft durchhalten, aber um gottesfürchtig zu werden, reicht sie nicht aus. Ein Christ leistet gute Arbeit, weil der Heilige Geist in ihm arbeitet. Das ist keine geheimnisvolle Sache. Der Heilige Geist hat uns oft gesagt, wie er arbeitet. Er sagt *in* der Schrift, daß er gewöhnlich *durch* die Schrift wirkt. Die Bibel ist ein scharfes Werkzeug des Heiligen Geistes. Er gab uns dieses Buch nicht, damit wir es beiseite legen. Unsere eigenen Gedanken und Anstrengungen werden für das Ziel, die Gottesfurcht zu erreichen, niemals ausreichen. Es gibt keinen einfacheren Weg zur Gottesfurcht als betendes Studium und gehorsames Ausführen des Willens Gottes.

Disziplin braucht Freiheit. Heute sollen wir vom Gegenteil überzeugt werden. Uns wird gesagt, daß wir Freiheit bekommen, wenn wir Ordnung und Disziplin über Bord werfen. Aber stellen Sie sich vor, ich wollte Orgel spielen lernen und hätte beschlossen, Ordnung und Disziplin zu vergessen. Ich würde die Gesetze der Harmonie ignorieren und über Takteinteilung lachen. Da ich geordnetes, diszipliniertes Üben für Unsinn halte, würde ich erklären: „Ich will frei spielen, also setze ich mich jetzt hin und fange an zu spielen, wie es mir gefällt." Nicht auszudenken! Ich werde niemals lernen, Orgel zu spielen, wenn ich nicht Tag für Tag und Woche für Woche übe, bis endlich meine Finger sauber und geschickt arbeiten. Wenn ich dann weitermache, wird eventuell der Tag kommen, an dem ich meine Musikblätter wegwerfe und eigene schreibe. Aber das wird nur gelingen, wenn ich den harten Weg gehe. Die Reihenfolge lautet: Zuerst konsequente Disziplin, dann Freiheit.

Auch zum Leben ist eine Ordnung nötig, und die finden Sie in der Bibel. Durch Gottes Gnade macht diese Ordnung Menschen gottesfürchtig.

Lesen wir regelmäßig die Bibel, tun wir betend, was sie sagt, *ohne Rücksicht auf unsere Gefühle*. Das fällt uns vielleicht besonders schwer. Wir geben auf, weil wir uns nicht danach fühlen.

Heute morgen hatten wir alle sicher keine Lust aufzustehen. Aber trotzdem mußten wir es tun, und nach einer Weile fühlten wir uns anders und waren froh, daß wir gegen unsere Gefühle gehandelt hatten. Nach

dieser ersten Entscheidung ist der Tag mit ähnlichen
Entscheidungen gefüllt, die im Gehorsam gegen Gott
getroffen werden, nicht im Gehorsam gegen unsere
Gefühle.

Der entscheidende Ausgangspunkt

Es gibt im Grund nur zwei Arten zu leben. Entweder: „Ich lebe nach meinen Gefühlen", oder: „Ich lebe nach Gottes Willen." Wir sehen das schon bei Adam und Eva. Gott gab einen Befehl und verlangte Gehorsam. Der Teufel aber erweckte den Wunsch: die Lust der Augen, des Fleisches und den Hochmut des Lebens (1. Joh. 2, 16/1. Mose 3, 6). Als der Mensch sündigte, vertauschte er das auf Gehorsam hin orientierte Leben der Liebe gegen das auf Gefühl hin orientierte Leben der Lust. Es gibt nur zwei Lebensarten: das gefühlsbetonte Leben der Sünde, das sich am „Ich" orientiert, und das vom Gehorsam bewegte Leben der Heiligkeit, das sich an Gott orientiert. Ein Leben, das sich nach Gefühlen richtet, ist das größte Hindernis für die Gottesfurcht. Gottesfürchtiges Leben kommt nur aus biblischer Ordnung und Disziplin.

Sind Sie gottesfürchtig? Wenn nicht, was werden Sie tun? Es gibt nur diesen einen Weg: Sie müssen sich auf Gottesfurcht ausrichten, bis Sie wirklich gottesfürchtig werden. Aber keiner kann sich auf dieses Ziel konzentrieren, wenn er nicht zuerst seine Sünde gegen den heiligen Gott erkannt hat. Wenn Sie wirklich bereuen, daß Sie ihn übergangen haben und bis jetzt Ihr eigenes Leben lebten, dann wenden Sie sich im Glauben an seinen Sohn. Jesus ist der einzige gewesen, der wirklich gottesfürchtig lebte. Aber Ihre Sünde wird als seine angerechnet und seine Gottesfurcht als die Ihre, wenn Sie an seinen Tod und seine Auferstehung für Ihre Rettung glauben. Wenn Gottes Geist Sie von Ihrer Sünde und Ihrem Bedürfnis nach einem Retter überzeugt hat, wenden Sie sich jetzt an Jesus. Wollen Sie Gott glauben, daß Jesus für Sie — an Ihrer Stelle — Gottes Zorn für Ihre Sünde trug? Wenn Sie es glauben, sind Sie gerettet. Dann können Sie mit uns gehen als einer, dem der unfaßbare Vorzug und die unvergleichliche Herausforderung gilt, sich auf Gottesfurcht auszurichten, das heißt, auf Jesus Christus selbst.

Bücher von Jay E. Adams zum Thema „Seelsorge"

Befreiende Seelsorge

Theorie und Praxis einer biblischen Lebensberatung
256 Seiten. ABCteam 34. Paperback

Sind die Christen zuständig, wenn es darum geht, den Menschen bei der Bewältigung ihrer Lebensprobleme beizustehen? Oder bleibt dem Seelsorger nur die Überweisung an den Psychiater, der den Ratsuchenden nach ganz anderen als den biblischen Gesichtspunkten behandelt?
In diesem Buch legt Adams die Ergebnisse seiner jahrelangen intensiven Bemühungen um die Praxis einer biblischen Lebensberatung vor.
Was er über Eheberatung, Erziehung, psychosomatische Krankheiten, Depressionen, Nervenzusammenbrüche usw. sagt, geht jeden an, der als Christ verantwortlich lebt.

Handbuch für Seelsorge

Praxis der biblischen Lebensberatung
336 Seiten. ABCteam 59. Paperback

Nachdem Jay Adams in „Befreiende Seelsorge" die Grundlagen biblischer Lebensberatung dargestellt hat, behandelt er hier hauptsächlich praktische Fragen. Er erklärt die Technik der biblischen Lebensberatung: die erste Aussprache, Ziele abstecken, Fragen stellen, die Mitarbeit des Ratsuchenden, Hausaufgaben, mögliche Fehlerquellen usw. Die dargestellten menschlichen Grundprobleme und die biblischen Lösungen sind repräsentativ und lassen sich auch auf andere Seelsorgefälle anwenden.

Christsein auch zu Hause

Familienleben biblisch gestaltet
128 Seiten. ABCteam 3. Paperback

Ein Buch, das auf die praktischen Probleme des Zusammenlebens in der Familie eingeht. Intaktes Familienleben durch die konsequente Anwendung erprobter biblischer Prinzipien. Für Seelsorger und Christen, die ihr Familienleben anhand der Bibel gestalten wollen.

BRUNNEN VERLAG · GIESSEN/BASEL